Dados Internacionais de Catalogação na Publicação (CIP) de acordo com ISBD

C578d   Ciranda Cultural

Dinossauros / Ciranda Cultural; ilustrado por Joëlle Dreidemy. - Jandira, SP : Ciranda Cultural, 2021.
32 p. : il.; 20,10cm x 26,80cm. (Procurar e encontrar).

ISBN: 978-85-380-9452-4

1. Atividades recreativas. 2. Procurar. 3. Encontrar. 4. Atividades. 5. Diversão. 6. Passatempo. 7. Pré-história. I. Dreidemy, Joëlle. II. Título.

2021-0265

CDD 790.1
CDU 379.8

Elaborado por Lucio Feitosa - CRB-8/8803

Índice para catálogo sistemático:
1.   Atividades recreativas 790.1
2.   Atividades recreativas 379.8

© 2021 Ciranda Cultural Editora e Distribuidora Ltda.
Produção: Ciranda Cultural
Ilustrações: Joëlle Dreidemy

1ª Edição em 2021
www.cirandacultural.com.br
Todos os direitos reservados. Nenhuma parte desta publicação pode ser reproduzida, arquivada em sistema de busca ou transmitida por qualquer meio, seja ele eletrônico, fotocópia, gravação ou outros, sem prévia autorização do detentor dos direitos, e não pode circular encadernada ou encapada de maneira distinta daquela em que foi publicada, ou sem que as mesmas condições sejam impostas aos compradores subsequentes.

PROCURAR e ENCONTRAR
...Dinossauros...

Dicas

Como procurar?

Acomode-se em um lugar confortável e iluminado. Observe atentamente toda a cena e, depois, comece a procurar os itens indicados, um tipo por vez. Após encontrar o primeiro, comece a procurar cada um dos seguintes.

E se eu não encontrar?

Como as cenas têm muitos detalhes, pode ser que você tenha um pouco de dificuldade para encontrar algo. Se isso acontecer, descanse e volte para a cena depois, ou convide alguém para brincar com você. Será muito divertido!

Dom e Téo

Os dinossauros Dom e Téo são grandes amigos e vão fazer uma incrível viagem para conhecer lugares diferentes. Embarque nessa aventura, procurando e encontrando muitas coisas interessantes!

Agora que você já encontrou Dom e Téo, procure os itens a seguir.

1 MOCHILA

2 QUADROS

3 CAMISETAS COM ESTAMPA DE SOL

4 ÓCULOS ESCUROS

5 LÁPIS

6 CHAPÉUS

7 LIVROS COR DE LARANJA

8 BOLINHAS ROXAS

9 CUPCAKES

10 TÊNIS VERMELHOS E BRANCOS

Primeira parada: praia

O primeiro destino de Dom e Téo foi uma linda praia com mar azul e belos coqueiros. Procure os dois amigos neste paraíso.

Agora, procure os elementos a seguir.

1 CASTELO DE AREIA

2 CADEIRAS DE PRAIA

3 PROTETORES SOLARES

4 RAQUETES

5 BONÉS

6 BOLAS

7 TOALHAS DE PRAIA

8 CARANGUEJOS

9 GUARDA-SÓIS

10 ESTRELAS-DO-MAR

Você foi muito bem!

Parabéns! Você encontrou todos os itens, mas será que consegue cumprir um desafio ainda maior? Volte à cena **A viagem de Dom e Teó** e encontre os elementos abaixo. Não se esqueça de contar quantos objetos há na cena e de completar os espaços a seguir.

MEIA COLORIDA

BANCO DE MADEIRA

VASO DE FLOR

Resposta: meia colorida – 20; banco de madeira – 7; vaso de flor – 3.

Você foi muito bem!

Parabéns! Você encontrou todos os itens, mas será que consegue cumprir um desafio ainda maior? Volte à cena **Primeira parada: praia** e encontre os elementos abaixo. Não se esqueça de contar quantos objetos há na cena e de completar os espaços a seguir.

CONCHA

BARCO

PEDRA

Resposta: concha – 18; barco – 1; pedra – 8.

Agora que você já encontrou Dom e Téo, procure os itens a seguir.

1 BANJO

2 SACOS DE DORMIR

3 BINÓCULOS

4 PANELAS

5 PRATOS

6 GARFOS

7 LIBÉLULAS

8 LATAS

9 BARRACAS COLORIDAS

10 MAÇÃS

Montanhas geladas

Dom e Téo esquiaram nas montanhas e brincaram muito com a neve que caía. Descubra onde estão os dinossauros neste passeio gelado.

Agora, procure os elementos a seguir.

1 ANTÍLOPE

2 IGLUS

3 TRENÓS

4 BONECOS DE NEVE

5 CHALÉS

6 MÁSCARAS DE ESQUI

7 CENOURAS

8 VASSOURAS

9 LUVAS ROXAS

10 GORROS COM LISTRAS AMARELAS E VERMELHAS

Você foi muito bem!

Parabéns! Você encontrou todos os itens, mas será que consegue cumprir um desafio ainda maior? Volte à cena **Hora de acampar!** e encontre os elementos abaixo. Não se esqueça de contar quantos objetos há na cena e de completar os espaços a seguir.

CARTA DE BARALHO

NOTA MUSICAL

JOANINHA

Resposta: carta de baralho – 18; nota musical – 6; joaninha – 4.

Você foi muito bem!

Parabéns! Você encontrou todos os itens, mas será que consegue cumprir um desafio ainda maior? Volte à cena **Montanhas geladas** e encontre os elementos abaixo. Não se esqueça de contar quantos objetos há na cena e de completar os espaços a seguir.

Resposta: pão – 3; nuvem – 5; pinheiro – 20.

Dia de diversão

Enquanto viajavam, Dom e Téo conheceram um grande parque de diversões. Você consegue encontrar os amigos em meio a tantos brinquedos?

Agora que você já encontrou Dom e Téo, procure os itens a seguir.

1 URSO DE PELÚCIA

2 ALGODÕES-DOCES

3 PACOTES DE BALAS

4 PICOLÉS

5 CAVALOS VARIADOS

6 CHAPÉUS

7 BILHETES

8 LUAS

9 CORAÇÕES

10 MAÇÃS DO AMOR

Agora, procure os elementos a seguir.

1 TOCHA

2 CORTINAS

3 CARTOLAS

4 COELHOS

5 POMBOS

6 PINOS DE MALABARISMO

7 VARINHAS

8 GRAVATAS--BORBOLETA

9 BOLAS

10 SACOS DE PIPOCA

Você foi muito bem!

Parabéns! Você encontrou todos os itens, mas será que consegue cumprir um desafio ainda maior? Volte à cena **Dia de diversão** e encontre os elementos abaixo. Não se esqueça de contar quantos objetos há na cena e de completar os espaços a seguir.

BALÃO COLORIDO

PIRULITO

ALVO

Resposta: balão colorido – 20; pirulito – 3; alvo – 1.

Você foi muito bem!

Parabéns! Você encontrou todos os itens, mas será que consegue cumprir um desafio ainda maior? Volte à cena **Hoje tem picadeiro!** e encontre os elementos abaixo. Não se esqueça de contar quantos objetos há na cena e de completar os espaços a seguir.

Resposta: estrela – 2; prato – 3; bola roxa – 1.

Hora do lanche

Entre tantos passeios, Dom e Téo conheceram um restaurante com pratos deliciosos. Você consegue encontrar os dinos neste lugar?

Agora que você já encontrou Dom e Téo, procure os itens a seguir.

1 CHAPÉU DE COZINHEIRO

2 CENOURAS

3 FRANGOS

4 GUARDANAPOS QUADRICULADOS

5 VASOS

6 CANECAS

7 OSSOS

8 TAÇAS

9 CARDÁPIOS

10 PÃES

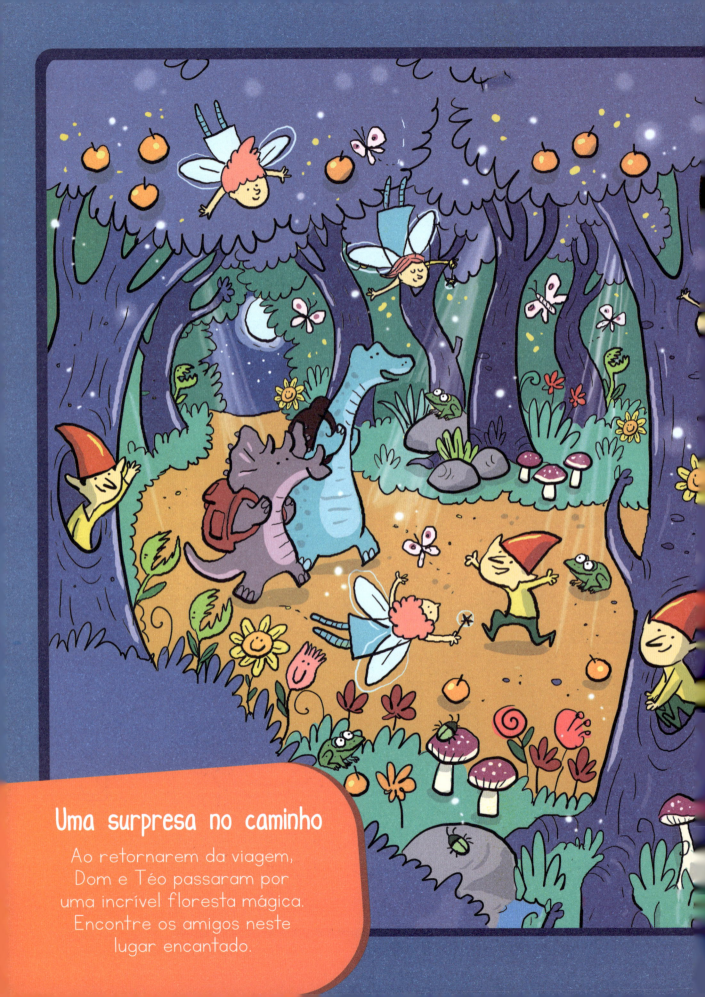

Uma surpresa no caminho

Ao retornarem da viagem, Dom e Téo passaram por uma incrível floresta mágica. Encontre os amigos neste lugar encantado.

Agora, procure os elementos a seguir.

1 BALDE

2 CHAPÉUS VERDES

3 PEIXES

4 SAPOS

5 DUENDES

6 FADAS

7 PLANTAS CARNÍVORAS

8 BESOUROS

9 BORBOLETAS

10 COGUMELOS

Você foi muito bem!

Parabéns! Você encontrou todos os itens, mas será que consegue cumprir um desafio ainda maior? Volte à cena **Hora do lanche** e encontre os elementos abaixo. Não se esqueça de contar quantos objetos há na cena e de completar os espaços a seguir.

PRATO

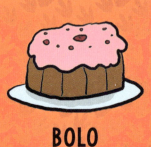

BOLO

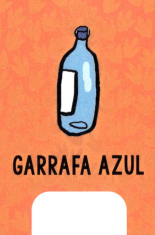

GARRAFA AZUL

Resposta: prato – 20; bolo – 2; garrafa azul – 4.

Você foi muito bem!

Parabéns! Você encontrou todos os itens, mas será que consegue cumprir um desafio ainda maior? Volte à cena **Uma surpresa no caminho** e encontre os elementos abaixo. Não se esqueça de contar quantos objetos há na cena e de completar os espaços a seguir.

TANGERINA

PEDRA

GIRASSOL

Resposta: tangerina - 20; pedra -9, girassol - 5.

Lar, doce lar!

Quando Dom e Téo voltaram para casa, eles foram recebidos com uma grande festa. Você consegue encontrar os dinos na comemoração?

Agora que você já encontrou Dom e Téo, procure os itens a seguir na quantidade indicada.

1 COROA

2 BOLOS DE FESTA

3 GARRAFAS DE REFRIGERANTE

4 BOMBONS

5 LANTERNAS COLORIDAS SUSPENSAS

6 PIRULITOS

7 GELATINAS

8 CHAPÉUS DE FESTA

9 SERPENTINAS

10 BEXIGAS COLORIDAS

Você foi muito bem!

Parabéns! Você encontrou todos os itens, mas será que consegue cumprir um desafio ainda maior? Volte à cena **Lar, doce lar!** e encontre os elementos abaixo. Não se esqueça de contar quantos objetos há na cena e de completar os espaços a seguir.

BANDEIRINHA COLORIDA

VELA

BORBOLETA

Resposta: bandeirinha colorida - 15; vela - 20; borboleta - 2.